Sébastien N. D. Ngom

La grâce, la grâce, et la grâce

Sébastien N. D. Ngom

La grâce, la grâce, et la grâce

Juste en 30 mots

Éditions Croix du Salut

Cover image: www.ingimage.com

Publisher:
Éditions Croix du Salut
is a trademark of
International Book Market Service Ltd., member of OmniScriptum Publishing Group
17 Meldrum Street, Beau Bassin 71504, Mauritius
Printed at: see last page
ISBN: 978-613-7-37319-4

Sébastien NGOM

La grâce, la grâce, et la grâce

juste en 30 mots

À mes sœurs, Camille et Monique NGOM…

A mes pasteurs, C. M. FALL, F. R. NDONG, P. N. SENGHOR, M. DIOP, D. SECK…

A ma fiancée, mes collègues timothée et leurs femmes…

A ma famille.

Préface

Depuis très petit, j'avais réalisé en moi-même cette capacité, comme un *don naturel*, de réflexion et de création. Cela fut naturellement orienté premièrement vers les créations poétiques « religieuses ». Je réalisais lors de jolis poèmes avec, en acrostiche, des mots comme Jésus(-Christ), Seigneur, Eternel, Adonaï, etc. Ma spiritualité était alors très forte, mais pas les connaissances religieuses. Avec le temps, je décidais que les livres poétiques de la Bible me surpassaient en sagesse et en éloquence, et épuisaient largement tout sujet de poème que je puisse imaginer. Mais, l'activité de création de poèmes était l'une des meilleures pour booster mon intelligence et mes capacités intellectuelles. Mieux encore, elle a toujours été plus qu'une passion qui brûlait mon intérieur. Je construisais déjà des vers et des rimes avant même d'en connaître les notions. Je ne pouvais cesser d'être poète…

Vint alors qu'à l'école je commençais à étudier le domaine. Je venais de connaître toute la beauté de ce que je faisais sans en avoir aucune notion. Mais toutes les figures, les grandes figures poétiques, que je connaissais étaient « mondains » – *qu'ils soient des nationaux ou étrangers*. La beauté de l'art m'emporta sur les chemins de ses références mondaines.

Ma spiritualité d'enfance était quasi fanatique. Très vite, j'abandonnais ces premières productions « profanes », aussi radieuses qu'elles fussent. Ma spiritualité fanatique répugnait de faire comme eux. En fin de compte, c'est toute la poésie que je dû abandonner…

C'est plus tard que la conséquence se me fera sentir, et ce, de façon rude. Je pouvais constater une baisse drastique de mes capacités intellectuelles, ainsi qu'une régression de ma créativité. Je compris alors, que je venais de jeter un talent que Dieu m'avait confié et par lequel il a bien voulu former une bonne partie de ma personnalité. Je me disais alors: *Après tout, Dieu le Créateur qui est notre Père à l'image de qui nous sommes faits, a créé aussi ce que, aujourd'hui, je considère profane et impur. Ce ne peut être donc mauvais d'exalter ce qu'il a créé: la nature, les hommes et la vie humaine dans son ensemble.* Ainsi, j'ai décidé de reprendre la plume et d'écrire des poèmes sur tout sujet vers lequel s'orienterait mon inspiration, pour autant que je n'y voie point de péché.

Ma poésie *mondaine* a pour but d'exalter l'œuvre de Dieu, démontrant que Dieu est au contrôle de toutes les situations d'ordre collectif, personnel et sentimental, naturel ou environnemental,... Puis, elle cherche à prouver à qui veut l'entendre que Dieu est la source de toutes ses capacités et facultés de création, la source ultime de toute inspiration.

Mais il est quand-même important de rendre gloire à Dieu à travers cet ouvrage. Car, quoi qu'on dise, les dons naturels que Dieu nous fait, ainsi que les dons spirituels reçus à la suite de notre foi, doivent être au service de l'Eglise; et peu importe comment ils se déploient à l'extérieur pour enrichir l'Eglise, ils doivent être mis au service des autres pour la seule gloire de Dieu. Aussi, tant que ma poésie s'orientait « vers l'extérieur » encore et encore, je ne pouvais être tranquille; je sentais un danger et un écart par rapport à mon désir profond de servir pleinement le Seigneur par les moyens qu'il a mis en moi. Comme d'autres le prendraient, il est plus facile à celui qui est dans les ténèbres d'être attiré vers la pleine lumière par un rai de lumière. Celui qui est déjà dans cette pleine lumière en sortirait plutôt lorsqu'il poursuit un rai de lumière.

C'est donc un grand soulagement de ma conscience personnelle envers Dieu lorsque, en réussissant de telles réalisations, je suis for intérieurement convaincu de déployer pleinement tous mes dons poétiques d'après la volonté de Dieu, et non plus seulement en partie. Il en est d'autant plus ainsi que c'est ouvrage constitue une occasion pour moi d'exprimer,... de crier toute ma joie, d'éclater mon cœur que Dieu a rempli – à débordement – de sa paix, de sa joie, de son bonheur, de son amour, et de bien d'autres choses encore merveilleusement indicibles.

J'ose espérer, et je prie qu'en lisant ce livre vous découvriez toutes les richesses et la puissance de la grâce de Dieu; que vous soyez transpercés par elles au plus profond de votre cœur; et que vous débordiez de plus de joie que je ne peux l'exprimer.

INTRODUCTION

S'il est vrai que Dieu existe invisible, il est à croire que rien, en dehors de la foi, ne puisse nous lier à lui. Même au regard des plus merveilleuses et des plus extraordinaires des créatures, il est humainement impossible d'admettre l'existence de ce Dieu invisible, auteur de tout, sans la foi. Et, ce n'est pas une telle acceptation qui constitue la foi, mais plutôt la foi produit une telle acceptation. Seule la foi nous fait dire: je suis pauvre et indigent, mais le Seigneur pense à moi. La foi est très puissante.

La grâce de Dieu que nous chantons ici est bien plus, de loin plus puissante que la foi. La foi n'est pas une clause de contrat qui obligerait Dieu à nous donner tout ce que nous voulons. Nous n'obtenons pas tout ce que nous voulons juste parce que nous y avons mis la foi. Si la grâce de Dieu ne rencontre la foi, elle est aussi inefficace qu'un trait lancé contre Dieu.

La grâce, c'est la folie de Dieu qui le conduit à tout acte agréable et bienfaisant pour l'homme qui ne mérite absolument rien, en aucun moment ni en quelque lieu.

Parce que je sens la grâce de Dieu, qui a rempli mon cœur et me rassure de tout et en tout, je veux l'exprimer au mieux que je peux. Que tous la connaisse ! Que tous la recherchent ! Que tous s'en réjouissent au final ! C'est mon désir le plus profond. Il m'a suffi de trente mots pour donner l'exemple.

PREMIERE PARTIE:
DECOUVRIR LA GRÂCE

Affirmes-toi !

Les gens autour de moi, Seigneur, sont aveugles.
Je les aime à m'en tourmenter jour et nuit.
J'aimerais mieux leur transfuser mes entrailles;
Qu'ils t'aiment autant que je ne l'aurais pu.
Et beaucoup sont têtus comme je les vois;
Mes discours d'humain, pour peu qu'ils soient sages,
Ne peuvent les convertir plutôt qu'ils ne les émeuvent.

C'est toi le Créateur des cœurs, même les plus inconscients;
Tu es le Maître qui les transforme, même les plus obstinés;
C'est dans tes desseins insondables qu'ils sont tous nés.
Que ta puissance discrète les rend fervents et confiants,
Et que ta force jalouse brise à grand bruit les orgueilleux.
Ainsi tous contempleront avec respect ton règne sur le Tout.

Montre au monde ta puissance, Seigneur, seul Maître !

Dans le secret pendant leurs larmes de douleur et désespoir,
Dans la grande assemblée aux yeux du jour, confonds ceux-là !
Les âmes sauvées se réjouiront d'un secours sans faille,
Fortes d'une espérance infaillible pour attendre joyeux l'éternité.

Pardon.

Peu sommes-nous à savoir ce que tous les jours tu dis,
Tant ta sagesse nous est supérieure et insaisissable.
Peu sommes-nous à croire ce dont ta grâce est capable;
Seigneur, puisses-tu nous sauver des vaines parodies;
Quand nous parlons de l'excellence de ce qui nous dépasse !
La grâce vaut bien alors qu'aucun effort ne se fasse.
La grâce nourri la rémission, et ouvre le paradis;
Elle est seule suffisante plus que jamais il n'a été dit.

Le pardon est de toi seul, qui supporte autant de torts.
C'est quand le mal est fait qu'il prend toute sa force,
Et la grâce, lorsqu'aucune rançon n'est possible au coupable,
Où le souffle de l'épée se fait entendre à pas forts,

Où le misérable se tient la tête, mouillant de larmes son torse.
Tu saisis, tu soulèves, tu serres contre ton cœur affable.

Je l'ai regardé dans la face illuminée d'amour et de sainteté;
Je l'ai vu au milieu des arcs-en-ciel que dessinèrent mes larmes;
Il s'avançait, s'avançait le pas rapide mais sans vacarme,
Pendant que les regrets et la honte écroulaient l'impur que j'étais.

Le pardon divin couvre jusqu'aux profondeurs du péché;
Il s'arrête là où s'arrête son regard comme Créateur,
Au-delà des lieux où l'on ne puisse jamais prêcher,
Et c'est en sa vertu que revient le pire des malfaiteurs.

Temps forts, temps morts.

Les temps sont forts si le Seigneur fait grâce.
Les temps sont morts quand l'homme animal se rit,
Le cœur fier des délices frivoles de la bulle de vanité.
Les temps sont morts quand l'homme n'a que l'œil pour voir;
Le temps sont morts quand la foi fait de belles histoires,
Quand les saints montent les hauteurs des nuées,
Quand les saints sacrent les forteresses ennemies;
Les temps sont morts lorsque le Seigneur fait place.

Les temps sont forts lorsque les âmes conscientes languissent;
Les temps sont forts lorsque souffle sur terre un vent d'amour,
D'horizon en horizon et du bas au ciel, éclatant de pureté,
Comme pour toujours il en souffle tant depuis le ciel;

Les temps sont forts lorsque les mots divins font les délices des palabres,
Lorsque l'espoir d'une terre céleste réchauffe l'âme des froideurs terrestres.
Les temps sont morts lorsque l'homme sait quand Dieu a tort.

Les temps sont morts lorsque les vierges sont toutes bredouilles;
Les temps sont morts lorsque les invités déclinent avec arrogance.
Les temps sont forts lorsque le père promène ses enfants avec joie,
Lorsque sur les murs du palais d'or se reflète leur justice imputée;
Les temps sont forts lorsque s'établit la plénitude éternelle de la filiation divine.

L'amour du Dieu qui se révèle

Je m'élève sur les terrasses au-dessus des peuplades nanties;
J'entends leurs murmures arrogants se plaindre de la Grâce,
Tantôt leurs éclats sarcastiques s'élèvent en louanges.
Alors, je me retournais, je me retournais vers l'amour du ciel;
Je voulu comprendre comment tu nous supportes tant.
Il n'y a point de salaire ni de barèmes à nos bonnes peines:
Lavés, nous sommes puants, et largués tu es notre triomphe.
Rien qui ne puisse t'attendrir si ton cœur est en flammes;
Mais quand même l'humeur changerait, ton amour resterait.

Je vivais de toutes parts les merveilles de tes œuvres:
La forêt et les eaux peintes sur les murs de l'horizon;

Le vent et la brise qui s'étalaient sur le vide de partout;
La volaille qui jubile sur la cime des toits et des chênes;
Les rais de soleil qui se déchaînent du trône céleste;
Le bétail qui garnit les plaines d'un pelage élégant…
C'est ici toute l'expression de ta présence glorieuse,
C'est ici la gravure indélébile de ton amour immense.

Je me suis jadis moqué, ce que font d'autres devant moi…
Je ne t'avais point désiré que tu m'aies trouvé;
Et lorsque l'iniquité m'enveloppa tu restas sans détour dans ton amour.

Le besoin indispensable de grâce

Seigneur, mon âme se sent horrible face à tout;
La culpabilité assiège ma couche de ses odeurs de mort.
Je plie et je dis: donne-moi ce que je mérite, la mort;
Car je me suis rendue tel que je ne vois plus en moi quelque atout…
De zélée que je fus ma liberté dans la foi outrée gâcha tout;
Et, de plus en plus ton silence m'accable de remords.

Je connais ta grâce.

Toute seule dans mon gîte blottie contre le mur;
Le mal et l'être en moi repoussent le livre de tes paroles;
Le silence m'est préférable que tu trouves infectes mes paroles.
Pour la guerre, toute guerre, je dépose mon armure.
C'est le conseil de ma conscience, raison d'un âge mur.

Les leçons de foi d'autrefois flânent en jets de paraboles,
Et les louanges à ton hommage comme l'air dans les casseroles.
Je vis loin des yeux dans une bulle à quatre murs.

J'ai besoin de ta grâce.

Voici ce qu'il me faudrait plus que tout moyen qu'on puisse m'offrir:
Puisses-tu mettre l'œil et le bras dans les lieux secrets,
Tirer de ta main d'amour les rechutés qui dans la fosse se recréent !
Laisse le partage injustifié de ton amour me couvrir,
S'il est vrai qu'en toi ce sont les perdus à secourir.
Relis mon nom dans les pages de ton éternel décret;
Ton doigt l'a écrit à ton sourire avant que tu ne me crées.
Souviens-toi, et dès aujourd'hui ne me laisse plus souffrir !

Je connais ta grâce,

J'ai besoin de ta grâce,
Même si ma raison se plait dans la disgrâce.

La grâce, folie de Dieu

Nul ne veut le croire sinon les fous des siècles…
Il faut toujours la hardiesse qui fait saigner
Pour répondre à l'horreur des misères humaines,
Plutôt qu'un pardon lâche sans retour ou pénitence,
Comme si le Seigneur aurait perdu de sa justice;
Comme si la corruption terrestre lui était indifférente.

C'est gratuit, c'est gratuit ce que Dieu fait pour les siens.
C'est de la folie divine que jaillit les jouissances humaines,
Du sang qui coule des côtes de l'Innocent meurtri.
L'esprit simple ne prend point à la taille sa grandeur,
Il ne rentre point dans le cœur de qui n'est choisi,
C'est l'œuvre de Dieu: sa folie est plus sage que tout.
Elle donne aux fous du siècle les hauteurs célestes,
À l'orgueil des sages il donne en partage la confusion.

Heureux qui est fou pour y croire, heureux il est;
Malheur aux sages, pitié aux esprits supérieurs…
Le salut est dans les mystères de la folie.
La foi en est le portique principal donnant sur la terre.

La grâce surabonde

Pourquoi plier sous tes péchés, languissant ?
Pourquoi s'offusquer sans cesse de tes laideurs ?
Le péché, tout le temps, abat ta vigueur, tes ardeurs
Tu te dérobes de toutes forces aux regards compatissants
De Dieu. Ton sort à tes propres yeux est avilissant.
L'iniquité t'a coiffé de son ombre, de toute sa frayeur;
La justice comme tu crois te poursuit loin du Tout-Puissant

C'est la loi de Dieu qui tourmente nos cœurs soifs de paix.
Elle consume nos œuvres saintes espoir de justice humaine;
Oui, elle abat les hommes avides du mérite et non de l'agapè.
Puis... Elle les relève du fossé, les moule dans celui qui est l'Amen.

Rien ne te retiendra désormais loin du Seigneur, dans le noir.

Le sang de la grâce embrase tes iniquités d'alors à toujours;
L'Esprit de la grâce recouvre ton nom d'une sainte tunique.
Viens courber au sanctuaire secret où ton âme peut le voir !
C'est là où le péché est lavé aux torrents pour l'éternel séjour;
C'est là que toute sa teneur est engloutie dans le sacrifice unique,
Où la miséricorde surpasse le nombre de tous les actes iniques.

Aux torrents de Christ disparaît ce que point il n'aime,
Ôté de dessus le pauvre pécheur que cependant il aime;
C'est alors qu'en retour il voit l'amour de Dieu et il aime.

Grâce et Prières

Loin de nous quelque pouvoir-faire;
Loin de nous tout vouloir juste et saint;
Rien que grâce, grâce et miséricorde…
Sans toi, Seigneur nous ne pouvons rien faire,
Rien qui nous arrive hors de tes desseins.
Nous n'avons de bien que ce que tu nous accorde.

Il nous semble souvent inutile de s'écrier;
Nos cœurs ou nos bergers nous endorment:
À croire que ton cœur nous est totalement fermé,
Ou qu'au nom de tes règles, inutile de te crier.
Or, s'il est vrai que cela est une norme,
Toutes nos larmes sont stériles et d'avance infirmées.

Sur les ailes de la grâce tu accoures à notre rescousse,
À ton heure, en ton lieu, et à ta manière unique;
Comme un jour pour nous tu enlevas ta tunique,
Où tu vins nous abreuver du torrent de tes eaux douces.

Par les chemins de ton Esprit, Sagesse suprême,
Tu fais courir nos murmures par les tunnels de ta grâce;

De là, ils rencontrent tes saintes volontés malgré nos multiples casses,
Malgré faiblesses, péchés et toute laideur extrême.

La justice est salutaire

Tu m'appelles par mon nom, tu m'animes.
Quand je suis seul dans le noir, tu t'installes.
Tu n'as voulu voir en ma laideur point de scandales.
Il te suffit un peu de ma foi aussi minime,
Mes égards aussi intimes, sans aucun intérim,
Pour fonder mon éclat au grand jour, sans aucun égal.
Tu relèves ma tête de l'affront qu'inflige la beauté du mal;
Tu donnes ton nom force de ma gloire présente,
Si tant est que puisse se valoir d'ici l'âme vivante,
Plantée aux sources douces d'une grâce sans égal.

J'ai souffert de ta rigueur qui trahirait ta justice,
Si mes péchés odieux ne purent enfanter leur venin.
Mon cœur, Seigneur, te témoigne de juste et bénin.
De par ta justice, ton amour est sans nul artifice.
L'homme droit reconnaît ta justice et se fait sacrifice.

La lumière de ta pureté inspire de soi un coupable dédain
Avant que le jour ne se lève, que la grâce ne relève;
Que les guerriers des sombres intérieurs ne fassent trêve.

Qui t'a connu ainsi parmi les fils des hommes,
Qui a cherché conseils auprès de toi depuis qu'il était môme,
Vivrait bien heureux il y a bien longtemps
Et se rassasierait de tes bontés que tu déverse tant.
Le bonheur est un trésor que tu réserves à ceux qui te craignent,
Et ceux qui te contestent héritent où les ténèbres et le désarroi règnent.

La grâce, et c'est tout.

Je ne veux plus avoir de peines dans mon cœur,
Me sentir éloigné de lui, pourtant, par ma faute.
Mon âme est alors torturée profondément;
Les larmes berçant mes joues au rythme des chœurs,
Des confessions qui décrivent justement mes fautes;
Pendant que mes convictions vacillent décidément,
Et ma faille fait beaucoup de peines à son cœur.

Il m'a dit qu'il ne change jamais, en rien;
Le Seigneur ne pèse point son amour pour moi;
Il n'a égard à la mesure des efforts ou des natures,
Pour repartir ses bienfaits sur les terriens,
Et leurs sévères misères ne dictent point son émoi…
Sa grâce, c'est la règle de toutes ses factures.

Je n'ai point de recours, je n'ai point de secours,
Sinon que dans la grâce seule de mon Seigneur,
Pour être saint un jour, ou être vu tel aujourd'hui.
J'en ferai d'ores mon seul car c'est le juste discours,

L'instruction qui vaille pour plaire à mon Seigneur,
Sinon régnerait la nature en moi qui le fuit
Constamment; quand bien, pour me sauver, il accourt.

Nul ne s'égare mieux que par ce qu'il ignore;
Nul ne peux mieux sombrer qu'en se laissant traîner.
J'ai connu l'effort comme voie de salut et de ferveur
J'ai savouré la beauté de son propos à tort.
J'ai couru partout toujours pour tout sans freiner;
J'ai cherché la faveur qui garantit le mérite du pécheur;
J'ai longtemps pleuré, échoué, et pleuré encore.

Il est plus la source que la rivière pour inonder.
Ce n'est point mon péché, c'est moi pécheur:
De l'iniquité, il ne peut sortir de ferveurs.
Alors c'est la grâce seule que nul ne peut sonder;
C'est la grâce dont nul ne peut épuiser la largeur;
C'est la grâce seule pour causer le bienfait humain,
Les gratitudes que Dieu lui comptera demain.

DEUXIEME PARTIE:
L'ŒUVRE DE LA GRÂCE

Jésus, le Roi saint

Jamais la terre ne t'as vu sans frémir dans ses entrailles;
Elle rend hommage et gloire à toi avec toutes ses créatures,
Soupirant après ta grande délivrance avant le jour dur.
Unique es-tu, en grandeur, maître d'un règne sans failles;
Sorti du Saint pour remettre pures toutes les créatures.

Les cieux et la terre s'émeuvent de l'éclat de ta majesté.
En tout lieu ton nom impose la crainte et le silence.
Revêtu de puissance, à ton approche le monde tremble.
On l'apprend et de partout les hommes s'assemblent;
Ils Investissent alors les parvis du Roi de la délivrance.

Son cœur est exempt de toutes les mondanités maudites

À cause desquelles tous gisaient sous le supplice éternel.
Il les croisa, mais les foula dans la cuve avec fureur.
Nations et peuples de tous les horizons furent acquittés;
Toutes nos iniquités furent plongées dans sa sainteté.

Le secours gracieux du Seigneur

Un feu consume mes entrailles en ces jours actuels,
Lorsque je ferme les yeux pour voguer dans le passé.
Quand, dans mon silence, je cherche les mots qui soient assez;
Les mots les plus plaisants pour exprimer mon bonheur perpétuel
Pour le souvenir de sa grâce sur mon passé si piètre que l'inceste.
Mon être entier veut se répandre tel l'encens du temple céleste.

Je veux exulter, ô célestes voix des multitudes;
Je suis affranchi pour me répandre en gratitudes:
Enseignez-moi des célestes festins les saintes clameurs.
Je parcourrai la terre à crier toutes ses grandeurs.
Dieu est la sonde qui me dégage des profondeurs.
Je me blottie sur son sein et savourant sa tendre chaleur.
J'étais seul, il est venu seul dans le calme du vent,
Il plia les broussailles sous ses pieds comme un divan;

Mon Seigneur se tint avec moi comme un vis-à-vis.
Il s'enquit de l'humeur de mon cœur, raison de mes avis,
Il fut en peines comme jamais un homme ne le serait de sa vie;
Accablé des soupirs innombrables de mon âme asservie
Et mon âme, longtemps tiraillée entre mon droit et mes envies;
Se voit ravie à vie de cette main qui donna survie à ma vie.

Sauvé de l'abîme

J'ai toujours été seule ou pensais l'être.
Tous m'en voulaient, furieux et prêts à déchirer.
J'avais hanté dans ma ville les tribunaux du terroir
Le tribunal céleste m'avait condamnée,
Il mit le comble à ma grande misère.

Là où le Seigneur est, la mort n'est pas;
Le Seigneur n'est là où n'a pas été sa pensée.
Dans la fosse, aux sombres recoins éloignés,
Sa pensée fut sur moi et, par-dessus l'abîme,
Son Esprit veillait sur moi jusqu'au temps.
Alors, mes yeux s'ouvrirent sur sa lumière qui,
De tous les temps a brillé sur mon caractère exquis.

Bien-aimé fils que je suis
Qui par quoi me ravirait l'allégresse;
Le bonheur d'un retour du fils chez soi ?
Je le suis pour l'avoir toujours été,
Je l'ai été même aux jours de mon adversité.

Retour inattendu

Que vaut la vie pour que je me fatigue tant ?
Je mourrais quand-même mais faut pas mourir tôt;
Je mourrais quand-même mais faut vivre luxueux;
Pour autant qu'on le peut, travaillons à gagner la vie:
Foyers, femmes, famille et fortune pour tout dire.
Sans ce la vie d'un homme est dépourvu de valeur.

Mon sentier était ainsi tracé, la roue lancée.
Résolu à me percher si haut même sans ailes.
Je marchais partout et contre tout, fier de moi.
Les cieux m'étaient un lourd fardeau sur la tête;
L'enfer, un monstre imaginaire pour nous effrayer
Et le ciel le toit par excellence d'où pendent les astres.
La vie c'était le monde, et le monde était la vie.

Le retour inattendu se passa au milieu de l'insouciance;
L'amour divin, du Dieu que l'on détestait, saisit
Sans condition aucune, l'âme qui se détournait plus
Pour lui faire trouver la vraie vie, sa patrie et destinée.

Le Dieu proche

Tu as résolu de ce qui me concerne absolument;
Le quotidien m'appelle à la vénération pour gratitude;
Les êtres tout autour m'en donnent la stricte certitude.
Tu me portes tout ton regard et à tout moment.
Le chemin de l'invisible nous rendant si éloignés
De vue. Tu es pourtant tout prêt de moi, avec moi;
Les murmures de ton cœur s'entendent à haute voix.

Dès l'aurore, sous les palmiers gelés de la campagne,
Je me réjouis de ta voix qui, par-dessus mes pensées, m'accompagne.
Elle s'insurge dans mes confidences pour fixer les chemins,
Graver de chaque jour les instructions de la loi de rétribution.
Tu éprouves chaque matin la voie de mes lendemains;
Le soir ta grâce attise les ardeurs des larmes de mes confessions.

Ainsi chaque jour, mon Père, tu m'éclaire les chemins.

Je voulais au monde entier ouïr le for de mes extases:
Que j'ai le Seigneur sous le ciel et même sous l'ombre;
À palabrer, me souriant des fois sans nombre,
Comme il est attenant aussi à toi qui vois ces phrases.

De la terre au paradis

Ce fut si long.
Ce fut tellement long le pèlerinage qui nous fit patienter
Sur terre. C'est par un décret historique immuable.
Il a plu à Dieu d'en cacher les mystères aux êtres savants.
Le mépris de leur Maître les submergea entièrement,
La haine fleurit de leurs angoisses, de leurs quêtes et peurs…
Et cela fut si long.

De la terre, il les façonna au gré des épreuves extrêmes;
De la terre, il leur donna instruction de bon cœur;
De la terre, ils virent les ténèbres qui font joie la lumière.
Mais Dieu les exauça depuis les refuges secrets;
Leurs cœurs l'entendirent et s'attachèrent au vide
Comme l'aveugle enlacerait les ténèbres qui le cernent.
Le vide, c'est l'espoir qu'un jour ils le verront en face.

La demeure splendide de Dieu est cachée tel un trésor.
Leurs cœurs le voient et s'emballent si éperdument:
Aux caresses de la brise, en face du palais et tout autour;
À la vue des jardins de la jungle paisible et des témoins ailés;
À la voix des myriades vigoureuses et toujours zélées.
Ils se recueillent, en toute extase...
Et la porte céda sous la lumière écrasante de la face du Roi.

C'était l'espoir des terrestres qui se nourrissaient de foi;
C'était la promesse du Roi qui les nourrissait de foi.

Les bienvenus au ciel

Non par innocence que nous traversons les parvis,
Le Seigneur a fermé les yeux.
Pour le Fils a-t-on ouvert les cieux,
Qu'il attire hommes, femmes, jeunes et vieux.
Père, puisse-tu les voir comme mes vis-à-vis ?

Sont-ils cachés derrière ou en toi ?
C'est toi, mon fils que je vois.
Allez, sois à ta place d'honneur éternelle,
Quand je te regarde, je les vois comme tel !

Nous donc, qu'allons-nous bien te dire ?
Qu'avons-nous pour mériter ton sourire ?
Jusque-là nous n'avons rien fait, et rien de juste,
Que tes faveurs envers nous soient justes.
Nos simples cœurs se savent trop coupables;
L'esprit en nous est confus, consterné;
Pour te plaire, trop souvent prosterné,
Mais par grâce, ta droite nous a rendus capables.

Comment ? Nous ne sommes point justes, mais acquittés,
Alors que longtemps nous t'avions résolument quitté;

Nous sommes revêtus de tes beautés aux éclats indicibles
Au milieu des lumières jadis inaccessibles.
Alors, de nos tentes nouvelles incorruptibles
Nos cœurs élèvent un chœur divin, ininterruptible.

TROISIEME PARTIE:
EN REPONSE A LA GRACE

Que ferais-je de mon salut ?

Je ne pourrai que bien faire pour l'honneur de mon Sauveur:
Dévouerai-je par interdit tout passé objet de mes regrets,
Et ne plus salir ce que par tant d'efforts j'ai voulu purifier,
Comme conscient d'avoir toujours été coupable sans doute,
Comme réchappé grâce à tant d'injures jusqu'au sang de l'Innocent.
Je connais d'ores par devoir de conscience ce qu'il me revient d'agir;
Rien de meilleur sinon qu'à jamais réjouir son cœur de grâces.

Ma félicité est à la gloire de mon Sauveur, l'unique;
Je ne peux m'en réjouir ou me contenter nullement
Pour retourner nonchalamment aux plaisirs propres,
Indifférent au souci qui est le sien de m'élever.
Je ne suis point l'étranger sauvé par les forces du hasard;
Je suis l'enfant poli qui respecte l'amour profond du père;

Je suis l'enfant poli qui sait être reconnaissant en tout.

Je n'ai pu trouver le salut quand je m'en croyais digne,
Je l'ai trouvé quand sur moi-même j'invoquais le châtiment;
Je l'ai trouvé pendant que je dénonçais ma culpabilité
Et, dans un silence attentif, j'ai vu la main tendue.
Je ne peux que bien faire pour la gloire de mon Sauveur.

Merci de la grâce infinie

Merci de la grâce éternelle qui a fondé ma vie entière;
Merci de la grâce qui a pourvu à ma création aux temps inconnus;
Merci de la grâce qui a permis ma conception dans les secrets;
Merci de la grâce infaillible qui supporta toute ma croissance,
La grâce par laquelle mes indisciplines ne furent tenues pour compte;
Merci de la grâce résiliente qui couva ma jeunesse pleine de déboires;
Merci de la grâce, la souveraine des grâces, qui m'a sauvé du mal;
Merci de la grâce du sang de l'alliance éternelle répandu pour rançon;
Merci de la grâce puissante qui mena mon âme corrompue à la foi;
Merci de la grâce paternelle qui me fait vivre et revivre chaque jour;
Merci de cette grâce qui dirige les faveurs de Dieu vers mes prières;
Et cette grâce indicible qui fit de moi pour toujours fils du Dieu Saint;

Ce qui a toujours été, je ne l'avais demandé ni même su.

Lorsque le péché passe sur moi ta main passe et me nettoie;
Alors que le déni pour culpabilité m'accable, me parvint ta douce voix;
Tu me délivres pour me garder à toi tel que tu m'aimes;
C'est cette grâce qui, désormais, remplit ma vie de gratitudes.
Merci de ta grâce, Seigneur, pour peu que des mots puisse le dire.

L'ardeur d'être sauvé.

J'élève un chœur pour le cœur divin,
En signe de reconnaissance, en signe d'amour.
Je lui tends ma pensée, ma force et mes humours
Et bouge ivre, non de vin mais d'Esprit divin,
Tout l'être épuré comme les pains sans levain;
Du moins, empli de la douce grâce du Sauveur,
Cette faveur que ne méritait aucune de mes ferveurs.

J'élève un chœur pour le Cœur divin,
Qui sauva mon âme qui se consumait en vain;
Qui me garantit pour toujours un suprême bien,
Mais pour autant en échange il n'attend rien.
C'est ainsi qu'il affirme sa bonté suprême:
Toute inimitié avec lui étant tort extrême;
Il aime tout à l'infini et ne cèdera pour rien.

Oh ! Si je pouvais le faire croire à celui qui m'observe...
Graver dans son cœur cette conviction farouche
D'où jaillirait de saintes louanges sur sa bouche
Même qu'il me dise sans peur, sans réserve
Que mes dires ne sont pas raison pour qu'il serve;
La joie serait alors sans pareil sur ma couche,

Quand bien même le seul que mes sermons touchent.

Droit de joie

En toi, Bon Seigneur, nous avons la vie en abondance;
C'est la vie pleine de souffrances par la jalousie des ennemis,
C'est la vie pleine d'une assurance certaine de la gloire
Et la joie future a débordé à flots sur le cours présent.
Les sourires essuient les sueurs rouges de nos plaies,
Car plus que tout ici-bas ta promesse nous plaît.

L'autre serre les dents contre mon droit de joie;
Il ne veut quitter des yeux le nombre de mes iniquités;
L'ennemi compare la sienne à mon iniquité;
Tous ils ignorent ou le disent de mauvaise foi
Que ta grâce a dispensé mes fautes même actuelles.
Ils oppriment mon cœur innocent, réjoui et spirituel,
Même quand il se bat pour suivre ta juste voie.

Je veux a jamais me réjouir de ta puissance de salut
Pour témoigner que ton œuvre est entièrement parfaite;
Je me réjouirai fort des promesses que tu m'as faites,
Comme de ce que j'ai en main, qui ne m'a rien valu;
Mon salut est la marque de ta grande fidélité.
Je le vis dans mon cœur plus sûr que toute fraternité;
Non point comme chose à venir encore loin d'être révolu.

Puissent-ils m'usurper le droit de joie, j'exulterai;
Et les saints de ton peuple n'en feraient moins.
Que tous ceux qui recherchent le sourire avec soin
Entendent et accourent devant le grand Palais doré;
Il est bâti au milieu d'eux peur qu'on ne le croit loin,
Au milieu d'eux pour ouïr mieux qui le chercherait.

Enfant joyeux

Mon esprit est vide de mots pour me décrire;
Je ne pus exprimer la joie dont ta grâce m'inonde;
Mon cœur est comblé, ses fleuves ont débordé;
Mes larmes, tantôt, trahissent mon visage radieux;
Mon âme au-dedans de moi est plus que prospère:
Je ne suis point fou d'être partout heureux et jubilant.

Oui, tu as agi; je le sais et en suis rassuré.
Par ta droite je suis à jamais victorieux,
Devant l'ennemi bien fort et rayonnant;
De la honte, ta grâce immense m'a réjoui,
Pour me faire marcher au milieu de ton palais somptueux.

Jamais autant être fils ne m'a satisfait;
Ce n'est nulle amitié parmi mes frères qui m'ait tant ravi,...
Déchaîné, exhaussé, accepté, je ne puis que m'enchanter
Savourant déjà les prémices du festin céleste.

C'est ici le chant d'un fils gai à l'extrême,

Content d'être ramené au milieu des astres du bercail;
Au milieu des danses et des cris de triomphe.
Embaumé d'un parfum éternel inestimable.

La joie d'être avec toi

C'est vrai que j'ai vécu avec les hommes,
Mes amis d'aujourd'hui et de tous temps;
Je les vois qui m'aiment et me chérissent tant,
Sinon, de leurs lèvres qui sans cesse me nomment.

Je ne sais si j'aime les hommes à convenance;
Je les vois rarement au-dessus de ma tête,
Et leur amour pour moi, pour ce à quoi il se prête,
Décidément, est loin de ce qui inspire l'assurance.
Je ne trouve confort dans leurs mouvances,
Même quand le plus tendrement ils me traitent.

Il me faut échapper à mes frères, tourner le dos,
Et là, tout seul, me nourrir de ton intimité;
Peut-être encore te retrouver dans nos solennités
Où ta présence éclatante réjouit sauf l'incrédule ado:
Il saute, crie, danse, puis à la fin tourne le dos.
Et moi, je suis languissant après ta bénignité;
Toute ma joie, ma joie absolue est dans ta bonté:
Je ne peux me réjouir hors de ta présence immuable.

La force de nos confidences m'est un fort mystère;
N'empêche pourtant j'en ferai mon cher ministère,
Dire le bonheur de ta présence à tous mes semblables.

Le mot à dire

Je ne sais le mot à dire sans t'offenser
Car l'être en moi ne sachant autre que maudire
Et le vœu d'un moi sincère c'est se voir applaudir;
Le monde a mis des œillères à ma pensée.

Quand en moi je sens germer l'amour par tes soins,
Quand mes larmes de regrets cessent de couler,
L'encre de ma plume d'amour se met à couler,
D'un cœur pur s'écoulent des mots qui le sont moins.

Qui pourra seulement dire autant qui tu es ?
Dans les plus grandes hauteurs tu es situé
Pour nous contempler par la chaleur du soleil.

On ne sait quoi dire pour attendrir ton cœur.
Heureux de nous, tu ne peux nous tenir rancœur;
Ta grâce couvre de la clarté qui réveille.

T'obéir.

La bonne peine à endurer,
Le grand défi à viser sans chance de succès;
Le combat qui distingue entre les ferveurs;
La vertu dont les vantards détestent la force;
La lumière de l'alliance anciennement scellée;
La meilleure voie de gratitude que l'on puisse emprunter;
La jauge de la montée sur ta montagne sainte;
C'est t'obéir...

Vivre religieux, c'est t'obéir de tout cœur;
Croire au pardon, c'est t'obéir pour l'honneur;
Il n'en est point qui t'aime sans point t'obéir;
Il n'en est point que tu aimes pour t'avoir obéi
Mais qui se sait aimé de toi se réjoui d'obéir.

Servir pour l'amour de Dieu

Au réveil de chaque jour, triste ou blanc,
Mon cœur bondit de sa couche pour exulter,
Offrir tout, tant qu'il soit à l'honneur de Dieu,
Ultimement; tout ce qui charmerait les siens;
Ramener le cœur des enfants à leur père est ma joie.

Dans leurs dictions je suis un prétentieux hautain,
Je cache mes orgueils derrière les amours malicieuses,
Je me tromperai de vouloir me voiler la face sur ce,
Le don divin de soi trahit les hauteurs humaines;
Jamais les cœurs fiers n'inclinent devant sa majesté.

Je ne sais pourtant pas me détourner de sa face, je ne peux.
J'incline mon cœur pour contenir ses torrents de grâces,
Les caresses de son cœur qui consument les bassesses du mien,
Ses compassions alors rejaillissent de tout mon être,

De jour en jour les afflictions des fils de Dieu m'outragent.

Fort d'un grand bonheur, je me réveille chaque jour;
Enrichi de la force du divin amour j'engage la journée,
Au côté de mon Père comme l'aîné de mes frères;
Je les berce de mes mots qui crépitent et les caressent;
C'est ma gloire, c'est un don de Dieu pour moi.

Merci, Seigneur, pour mes frères !

Au milieu de mes jours terrestres de solitaire,
Leurs bras sont tendus, robustes comme la main divine.
Ils sont dévoués à me donner sourire et espoir.
Les uns ont tracé la voie qui me transporte dans tes mystères;
Du reste, les renforts et les remparts dans mes combats.
Quand l'ennemi garnit d'épines ma route, tu m'en envoie
Une armée. Mes frères font le courage de mes rudes marches.

Comme aux jours où mon étoile s'élevait de l'Orient,
Honneur m'est fait de me savoir hissé sur leurs épaules.
Rends-leur selon l'amour qu'ils ont porté à tes grands desseins !
Ils ont pour moi une sainte attention, comme à un fils de Dieu.
Soutiens-les de bras fermes contre l'inimitié sur leur chemin !

Tu es le roi qui marche pour nous, fort et vainqueur éternel.

Merci Seigneur, pour mes frères de sang et de croix;
Élevés autour de moi comme de jeunes plants de Dieu,
Rigides comme les piquets qui entourent les jardins célestes.
C'est de toi cette élégance fraternelle qui me ravit sans cesse;
Il n'y a point de famille que ta grâce paternelle n'engendre.

Merci pour mes sœurs !

Elles sont magnifiques, de la beauté céleste,
Car tu leur as façonné des cœurs tendres;
Tu me les as données, qui m'enseignent l'humilité;
Elles sont fortes, pétries d'une foi simple et pure,
Pour accompagner en les nourrissant les ardeurs ferventes
De leurs frères. Elles nous comblent de nature.

Merci Seigneur pour mes sœurs !
Leurs faiblesses sont l'image parfaite de ma personne,
Leur soutien est un rappel de qui nous sommes,
Même leurs caprices débusquent notre vanité;
C'est là que se lisent toutes les lettres de mon humanité.

Seigneur, Merci pour mes sœurs bénies !
Pour la tendresse, l'amour et l'attention qu'elles portent,
La douceur de leurs âmes saintes fort sensibles.
Elles sont le roc et le socle des familles et batilles[1];

---

[1] **Batille (**de *bâtiment* et *famille*)**:** mot inventé pour désigner toute forme de construction sociale, selon le modèle de la famille, et incluant celle-ci.

C'est quand elles foulent que rien ne reste,
Pour être toujours justes et sans fraudes.

Croyez mes mots

J'ai peur que les mots qui sautent de mes vers,
Ne soient l'œuvre de l'infinie faiblesse de mon être;
Que pour les âmes qui s'y tiendront ne puisse naître
Les regards sur soi qui mettent l'orgueil à l'envers;
Les justes regrets d'un retour sincère de leur état pervers
Au pied du Roi d'amour disposé à tous les paitre:
C'est lui qui de toute chose est le souverain maître.

Je voulais à tout cœur de prendre en toute leur véracité,
Les gouttes de mon langage qui trahissent la force de mes intimités
Et s'il ne peut, voudrait-il seulement s'y essayer à l'instant !
La clémence divine se répandrait tels les flots sur les rocs côtiers,
Sa grande puissance ravagerait comme les feux forestiers,
Toutes les anciennetés et les fardeaux les plus résistants;

Ces ardeurs qui minaient la vie d'un dédain persistant,
Ou la fierté sauvage d'un homme contre Dieu, son potier.

Lisez-moi et allez narrer mon satisfecit tout alentour;
Ses œuvres du passé Dieu me les a faites à mon tour.
Il accourt pour moi, dirait-on un seul au monde;
Sa grâce ainsi toujours pour tout homme abonde.

Consacrer mes vers poétiques

Je voudrais pouvoir te dire, Seigneur, tout ce qui te fait plaisir;
Je m'efforce de remplir mes cahiers de louanges excellentes,
Et lorsque l'homme y plongerait ses regards de mépris ou de désir;
Je lui souhaite transporté dans tes douceurs brûlantes;
Dans ces joies qui nous font vibrer,
Dans ces joies qui nous font pleurer...

Que le monde entier les connaisse, est-ce pour moi ?
Alors, ferme ma bouche...
Que la source d'où jaillit ma fontaine tarisse,
Et ne refuse pas à mon orgueil l'émoi,
Et ne permet au mal d'habiter sur ma couche…
Mais que dans ta justice ta gloire seule jaillisse !
Oh, qu'elle éclabousse juste et nous touche !
Ainsi des faibles mots qui éclateraient de ma bouche,
Partirait la force qui secoue le pauvre et le hisse.

Elle ne compte que pour toi la valeur de mes faiblesses;
Pour ce qu'elles valent tu t'es fait ma force.
Aussi, tu t'es saisi de ma tête, ma bouche, mes mains.
C'est ton tact divin qui fera le charme de mes adresses;
C'est la lumière de tes consolations qui leur relèvera le torse;
C'est de toi que me parvient le souffle du lendemain.

Epilogue

La grâce, la grâce et la grâce. Plus de trente mots, plus de trente mille mots même n'auraient point suffit pour en dire toute l'excellence... Mais la grâce nous a tellement submergés que je ne peux m'empêcher d'en parler partout et de toutes les manières. Le doute m'envahit souvent au sujet de mes sermons: ne serai-je pas en train de stagner en doctrine, lorsque je ne peux plus présenter un message dont la grâce ne se mêle pas ? Soit.

Quoiqu'il en soit, tout ce qu'on pourrait prêcher d'autre se retrouverait dans la grâce qui est la gloire de Dieu et pour la gloire de Dieu. « *Gratia est gloria Dei et propter gloriam Dei.* ». D'autre part, la grâce a traversé notre existence entière: notre passé (de la création à la rédemption, et la réconciliation), notre présent (la croissance de et dans notre foi et notre sanctification) et notre futur (la rédemption de notre corps et la glorification). D'où l'urgence, pour tout vivant, de *découvrir la grâce* et de s'y réfugier, afin d'en expérimenter *l'œuvre parfaite* et pouvoir enfin se réjouir *en réponse à cette grâce*.

Trente mots ne peuvent dire tout cela: seulement que je suis trop submergé pour attendre encore.

J'ai fini par comprendre qu'il n'y que ça: la grâce. Donnez-moi tout ce que vous voulez, je le mettrai dedans.

– « *Gratia est gloria Dei et propter gloriam Dei.* » –

Table des matières

Printed by Books on Demand GmbH, Norderstedt / Germany